QUESTION DE LA RÉFORME FISCALE

DES BIÈRES

UN REFERENDUM ?

Ce que doivent penser les brasseurs

LILLE
Imp. P. Prévost, rue du Curé-Saint-Étienne, 9 bis

1894

L5 182
259

QUESTION DE LA RÉFORME FISCALE
DES BIÈRES

UN REFERENDUM ?

Ce que doivent penser les brasseurs

LILLE
IMP. P. PRÉVOST, RUE DU CURÉ-SAINT-ÉTIENNE, 9 BIS

1894

Question de la réforme fiscale des Bières

UN REFERENDUM ?

CE QUE DOIVENT PENSER LES BRASSEURS

Monsieur et cher Confrère,

Un certain mouvement d'opposition se manifeste depuis quelques jours contre la nouvelle loi à la densité, élaborée avec tant de soins et de peines par les représentants autorisés de la brasserie française et finalement adoptée, au moins dans ses principes essentiels, par les pouvoirs publics.

Il semblait même, il y a peu de temps encore, qu'une seule chose pourrait altérer l'entente générale ; c'était le taux du nouvel impôt.

Mais la nouvelle campagne, entreprise contre le projet, le vise dans son ensemble et semble avoir pour principal objectif le maintien du *statu quo*, autrement dit de la loi de 1816.

La brasserie parisienne s'était déjà prononcée

dans ce sens. Elle s'est même entièrement séparée de l'Union générale des Syndicats de la brasserie française, en raison de cette attitude absolument contraire aux résolutions unanimement prises par les délégués de tous les autres Syndicats.

Les brasseurs parisiens ont une situation à part, résultant du taux exagéré de leur octroi. La loi de 1816 leur permet de déclarer à la Régie 20,000 ou 30,000 hectolitres et d'en livrer dix fois plus à la consommation. Qu'ils défendent une pareille loi, cela se comprend, l'intérêt personnel étant toujours le principal mobile des actions humaines.

Mais cette même loi, nous dit-on, aurait récemment trouvé pour la défendre de nouveaux chevaliers et l'on serait à la veille d'une nouvelle levée de boucliers sous la forme d'un *referendum* adressé à tous les brasseurs de France.

Cette idée avait déjà été émise, il y a environ quinze jours, dans le journal « *La Revue universelle de la Brasserie et de la Malterie* ».

L'article en question, par son étendue, par la multiplicité de ses aperçus, par le soin qu'on avait pris de le rendre plus apparent par des illustrations habilement choisies, avait déjà tous les caractères d'une machine de guerre et faisait présager une entrée en campagne.

En effet, on paraît vouloir recommencer, à l'entrée de la nouvelle législature, ce qui a été tenté, l'an dernier, vis-à-vis la commission sénatoriale chargée de l'étude de la loi sur la réforme des boissons : c'est-à-dire un système de protestation à l'aide de listes présentées à la signature d'un grand nombre de brasseurs, généralement très peu initiés à l'étude des législations fiscales et se laissent peut-être trop facilement aller à la donner, sans connaissance de cause et sans le débat contradictoire nécessaire pour les éclairer.

Nous savons néanmoins que malgré les plus grands efforts pour grossir le nombre de ces adhérents à la protestation, celle-ci n'avait acquis l'année dernière qu'une très minime importance.

Le *referendum* proposé aujourd'hui aura-t-il plus de succès ?

Nous ne le pensons pas.

Mais nous ignorons dans quels termes il doit être posé.

Le sera-t-il d'une façon impartiale ?

Ou bien les questions seront-elles faites d'une façon habile et de façon à amener des réponses favorables aux défenseurs de la loi de 1816 ?

Nous ne le saurons que plus tard ; car nous avons peu à espérer que les promoteurs de ce mouvement nous mettent au courant de leurs résolutions.

Nous le regrettons pour nous d'abord et aussi pour eux-mêmes.

N'eût-il pas en effet été beaucoup plus correct que les opposants d'aujourd'hui aient hautement et franchement énoncé leurs idées dans les réunions si nombreuses et si fréquentes de nos divers syndicats et surtout du Syndicat du Nord dont les assemblées ont lieu tous les mois et où tous les brasseurs qui peuvent avoir une opinion à émettre sont toujours appelés à le faire et sont parfaitement accueillis.

Voilà plusieurs années que la loi à la densité est constamment à l'ordre du jour, et peut-être jamais loi n'a été l'objet d'une étude plus approfondie.

Chaque brasseur français a été appelé à y collaborer et à y apporter sa part de perfectionnement. Il semblait presque que chacun de nous avait apporté sa pierre à l'édifice et que ce fût là l'œuvre de notre corporation tout entière, à l'exception seulement de la brasserie de Paris. En dehors de celle-ci, c'est à peine si quelques-uns ont fait entendre de rares réclamations, motivées peut-être elles-mêmes par une situation analogue à celle de la ville de Paris.

Et cependant, n'est-ce pas dans de semblables réunions, où le pour et le contre peuvent également se produire, que les véritables opinions, celles dont il y a lieu surtout de tenir compte, peuvent se former avec maturité et avec sûreté ?

Les questions fiscales sont extrêmement complexes et ce n'est qu'après un examen long et difficile qu'on peut vraiment les apprécier sous leurs divers points de vue.

Tels font leur profession d'écrire sur ces matières et regardent du haut de leur grandeur les syndicats et leurs membres qu'ils traitent dédaigneusement *d'épateurs* qui commettent sur ces sujets pour lesquels ils se déclarent seuls compétents les erreurs les plus grossières et les plus stupéfiantes.

C'est ainsi que l'auteur de l'article de la *Revue universelle de la Brasserie et de la Malterie* dont nous parlions tout à l'heure, affirme avec une complète assurance que « l'Impôt en Belgique est
» assis sur la farine de malt, c'est-à-dire *sur la*
» *matière première*, tandis que le nouveau régime
» proposé en France, assoit l'impôt sur le degré
» du moût, c'est-à-dire sur le *produit fabriqué* ».

La loi belge est, selon lui, précisément l'opposé de ce régime.

Eh bien ! que l'honorable M. X... (c'est ainsi que signent la plupart des opposants) nous permette de le lui dire : Il ne connaît pas le premier mot de la loi belge. La *matière première* n'apparaît dans la loi belge que comme l'objet d'une déclaration et la seule et véritable assiette de l'impôt, c'est le *produit fabriqué*.

Il faut n'avoir jamais lu la loi belge pour commettre une pareille hérésie.

La déclaration de la matière première est tellement secondaire que chaque année les brasseurs belges en réclament la suppression comme d'une chose absolument inutile et superfétatoire.

La loi nouvelle proposée en France n'est pas autre chose que la loi belge simplifiée et améliorée dans ses rouages.

———

L'auteur de l'article précité, l'honorable M. X., est-il aussi ignorant de cette parfaite ressemblance des deux lois qu'il semblerait l'être d'après ce que nous venons de dire ?

Peut-être pas.

Ceux qui combattent la loi nouvelle ont en effet un intérêt considérable à persuader les brasseurs dont ils convoitent les adhésions que celle-ci est de beaucoup différente de la loi belge.

La loi belge a rallié tous les suffrages en Belgique. Tous déclarent qu'elle est à la fois libérale et progressive. Le meilleur argument qu'on puisse faire valoir en sa faveur, c'est qu'ayant le choix entre l'ancienne loi et la nouvelle, presque tous les brasseurs belges (96 sur 100) ont adopté le nouveau système.

Un brasseur français ne rencontre pas un brasseur belge sans que ce dernier lui souhaite une loi comme la sienne.

On comprend que devant un pareil concert d'éloges venant de gens qui ont vécu, depuis huit ans environ, sous l'empire de cette loi ; qui par conséquent ont pu en apprécier les inconvénients et les avantages, il importait de faire croire que la loi nouvelle proposée en France était toute différente de la loi belge.

Eh bien ! nous l'affirmons encore une fois (et notre affirmation ne sera pas signée X..., mais de nos vrais noms), CES DEUX LOIS SONT IDENTIQUES, et si, pour contenter nos opposants, il ne fallait que réagrémenter le nouveau projet de loi des inutilités que nous avons retranchées de la loi belge, nous consentirions volontiers, pour sortir enfin de la loi de 1816, à ce que la loi nouvelle soit la copie littérale de la loi belge.

Au fond, il n'y aurait absolument rien de changé !

Si l'honorable M. X... a sciemment voulu répandre l'erreur que nous venons de signaler à l'effet d'obtenir plus facilement les signatures pour le *referendum* projeté, il juge bien peu instruits des questions sur lesquelles ils vont être appelés à se prononcer les brasseurs auxquels il s'adresse.

Mais alors, s'ils connaissent si peu la question, quelle valeur pourrait avoir le *referendum* ?

Et si lui-même était de bonne foi dans son erreur, combien ne doit-il pas craindre, par son exemple même, que la généralité des brasseurs qui, naturellement, n'ont pas pioché comme lui la science fiscale, ne soit pas en situation de conclure d'une façon absolument compétente ?

Mais est-ce vraiment de bonne foi que l'honorable M. X... fait miroiter aux yeux des petits brasseurs le prisme d'un affranchissement partiel de l'impôt, affranchissement dont l'importance serait en raison inverse du chiffre des fabrications?

Ce système est, dit-il, préconisé par M. Méline et serait imité de ce qui est accordé en Allemagne aux petites distilleries agricoles.

La distillerie n'est pas la brasserie. L'importance des résidus par rapport au produit marchand est tout à fait différente.

Le marché de l'alcool et celui de la bière sont absolument dissemblables.

La question agricole prime tout dans la distillerie agricole ; elle existe dans la brasserie, mais à un degré beaucoup moindre.

Il serait trop long d'entrer dans les détails que comporterait un pareil sujet ; mais cela saute aux yeux qu'une faveur faite à une distillerie qui distillera mille litres par jour s'appliquant à 3o litres d'alcool ayant une valeur commerciale de 8 à 9 francs, ne peut jeter un grand trouble dans l'équilibre commercial de la distillerie. Cela est d'autant plus vrai que ces alcools ne sont que des flegmes qui, avant d'arriver à la consommation, passent par les grandes distilleries qui les rectifient.

Qu'est-ce que tout cela a de commun avec la bière qui va toujours directement à la clientèle... et qui plus est, à une clientèle locale ?

Une telle inégalité, sur un même terrain de concurrence, s'accroîtrait encore de ce que l'Etat, pour faire profiter les petits brasseurs de la remise proportionnelle à la petitesse de leurs fabrications, serait obligé, pour atteindre son quantum de millions, de *surtaxer* les grands brasseurs dans une proportion très appréciable.

A ce compte-là, ce serait comme dans le royaume des cieux, les premiers deviendraient les derniers et les petits brasseurs seraient à leur tour et bien vite les grands.

Ce n'est pas bien sûr cependant. Les petits n'auraient peut-être pas le temps ; car ils se trouveraient presque aussitôt concurrencés par une myriade de nouveaux brasseurs, alléchés par les primes du commencement ; ce qui réduirait notre corporation à un tel état de division que cela ne ressemblerait plus à une industrie.

Mais un tel système sera jugé par tous, par les plus petits brasseurs eux-mêmes, comme absolument impraticable, ou plutôt comme un piège grossier, à l'effet de les entraîner dans un mouvement qui est absolument contraire à leurs intérêts.

Eux, plus que les grands brasseurs, retireront les plus sérieux avantages de l'application de la loi nouvelle.

C'est un fait notoire que les bières fabriquées à la campagne sont en général moins fortes que dans les villes.

C'est là aussi qu'on fabrique le plus de petites bières.

Actuellement l'impôt moyen de 2 fr. 50 par hectolitre pèse également sur les bières fortes comme sur les bières faibles.

Le coupage remédie en partie à cette situation. Mais l'opération est plus ou moins régulière. Et si l'administration tentait de la régulariser à son profit en obtenant des pouvoirs publics un petit article additionnel, on peut bien dire que la situation deviendrait d'autant plus critique que l'on aurait profité davantage d'une ambiguïté.

C'est un danger que nous avons toujours montré à nos confrères et qui mérite que l'on s'y arrête ; car si nous devons garder la loi de 1816, elle sera complétée, soyons-en sûrs. Encore une fois, gare à l'épée de Damoclès !

Nous ajoutons que le coupage nécessite, en tous cas, d'une façon presque générale, l'abandon des derniers jus de trempes qui pourraient si avantageusement être utilisés, soit pour la fabrication de petites bières qui ne coûteraient presque rien, soit pour les allongements eux-mêmes, qui rentreraient dès lors dans le domaine d'une fabrication légale et rationnelle. L'amélioration très notable des produits serait la conséquence de cet état de choses.

Il y a un fait indéniable ; c'est qu'avec la nouvelle loi, l'impôt sera proportionnel à la richesse, ou, pour employer un terme encore en usage, à la *force de la bière* : ce qui n'existe pas maintenant.

Les bières les plus faibles, celles qui se fabriquent le plus généralement à la campagne, seront par suite les mieux traitées, les plus avantagées par la loi nouvelle.

Cela est un résultat certain, mathématique, autrement sérieux que le système à facettes de l'honorable M. X.

———

On cherche à établir un antagonisme entre les grands et les petits brasseurs ; peut-être aussi entre les brasseurs des villes et ceux des campagnes.

Où cet antagonisme trouverait-il sa raison d'être ? Nous ne le voyons pas.

Les brasseurs des campagnes ont cru il y a quelque temps devoir se précautionner contre le Syndicat du Nord, peut-être même à propos de cette loi nouvelle.

Quand on s'est trouvé réuni, on a cherché quels pouvaient être les points de désaccord. On ne les a guère trouvés. Il y avait des préventions ; des motifs sérieux de se combattre... aucun.

En ce moment, nous considérons qu'il ne peut plus y avoir que deux camps : Dans l'un, ceux qui croient tirer un parti tellement avantageux des fissures de la loi actuelle, que plutôt que de s'en priver, ils préfèrent vivre dans une situation absolument irrégulière et souvent dangereuse.

Dans l'autre camp sont ceux qui cherchent dans une loi nouvelle l'assiette d'une situation meilleure, plus digne, plus libérale et plus progressive, sans cependant que les charges de notre industrie soient *le moins du monde aggravées*.

Si tous ceux qui sont à la tête des divers syndicats de l'Est, du Centre et du Midi, des environs de Paris et de nos cinq départements du Nord ont préconisé la nouvelle loi, ce n'est nullement par emballement, par esprit de coterie ou par le désir de faire triompher une idée personnelle qu'ils ont agi ; mais parce que, en leur âme et conscience et avec le sentiment très profond de leur responsabilité, ils ont jugé qu'il était plus que temps pour la brasserie française de sortir de l'ornière formée par la loi de 1816.

S'il ont choisi pour modèle la loi belge, c'est qu'elle a pour elle le mérite d'une expérience qui date de 1885 et qui a donné les meilleurs résultats.

L'honorable M. X., qui connaît si bien la loi belge, ne nous paraît pas connaître mieux la loi autrichienne quand il dit que notre loi nouvelle est calquée sur celle-ci. Elle n'a de commun que le mot densité ; mais elle en diffère tellement dans l'application et dans les détails qu'il n'est nullement étonnant qu'on y réclame en Autriche des modifications.

La loi belge a été un perfectionnement des autres législations (la loi autrichienne comprise), et notre loi nous apparaît sincèrement comme un perfectionnement de la loi belge.

Mais peut-être faut-il distinguer dans le mouvement qu'on nous déclare deux mobiles différents. Le premier est celui que nous avons combattu dans les lignes qui précèdent et qui s'attaque à l'essence de la loi.

Le second se rapporte peut-être à la note qui vient de paraître dans les journaux et d'après laquelle le taux de l'impôt au degré-hectolitre serait porté à cinquante centimes.

Nous déclarons de suite que nous regardons le taux de cinquante centimes comme excessif et abusif.

Le maintenir, ce serait un absolu déni de justice.

Ce serait, au détriment de la bière, la rupture complète de l'équilibre que tous les législateurs ont voulu maintenir entre les diverses boissons de la France, le vin, la bière et le cidre.

Le vin a déjà été dégrevé une première fois, sans que la bière vît amoindrir ses charges.

Loin de là, on les a accrues dans une proportion considérable en surtaxant à l'entrée à la frontière les orges et les houblons.

Ces taxes réunies font un franc à l'hectolitre et la bière du Nord ne profite en aucune façon de la surtaxe imposée aux bières étrangères dont la concurrence n'a jamais été à craindre pour elle.

Voilà ce que nous devons tous faire comprendre aux pouvoirs publics afin d'obtenir le traitement équitable qui nous est dû.

Mais ce n'est pas en divisant notre industrie en grands et petits brasseurs, en suscitant des convoitises malsaines et insensées, en mettant en éveil des susceptibilités sans motif, qu'on arrivera à donner à notre corporation la puissance, la considération et l'influence dont elle a besoin pour conquérir d'heureux résultats.

Il n'est peut-être pas en France une autre industrie, organisée comme la nôtre, au point de vue de sa représentation professionnelle.

Ceux qui la composent sont toujours librement choisis.

Quoi qu'en dise l'honorable M. X..., jamais nous n'avons vu aucun de ceux qui en font partie se poser en *orateurs et monter sur les estrades*.

Quant aux brasseurs qui se seraient trouvés dans nos réunions, *ahuris par les épateurs de profession* et qui en raison de leur timidité ont préféré verser dans son sein leurs confidences, leur timidité (singulière coïncidence) se trouve anonyme comme l'article de l'honorable M. X..., ce qui nous empêche de savoir à qui nous avons affaire.

Quoi qu'il en soit, c'est toujours à des opposants anonymes que nous avons affaire.

Si ces messieurs sont aussi brasseurs qu'ils le disent, nous les convions, syndiqués ou non, à assister à nos réunions, à y exposer leurs opinions, leurs craintes ou leurs hésitations par rapport à la loi nouvelle. Qu'ils soient bien persuadés qu'ils n'auront point affaire à des pontifes imbus de leur infaillibilité, mais à des confrères très désireux eux-mêmes de s'instruire et tout disposés à revenir sur leurs idées, s'il leur était démontré qu'elles fussent erronées.

Mais ce que nous demandons à tous avec instance, c'est de repousser les germes de division qu'on veut répandre parmi nous : c'est de ne pas rompre ni affaiblir le faisceau de nos forces au moment où nous sommes appelés à en avoir le plus besoin.

TAFFIN-BINAULD,

Président d'honneur du Syndicat des brasseurs de la région du Nord ; vice-président de l'Union générale des Syndicats de la brasserie française.

P. DELEMER,

Président du Syndicat des brasseurs de la région du Nord.

www.ingramcontent.com/pod-product-compliance
Lightning Source LLC
Chambersburg PA
CBHW061614040426
42450CB00010B/2487